www.ingramcontent.com/pod-product-compliance
Lightning Source LLC
Chambersburg PA
CBHW070431220526
45466CB00004B/1629
* 9 7 8 1 6 5 4 5 7 7 1 2 4 *